I0840527

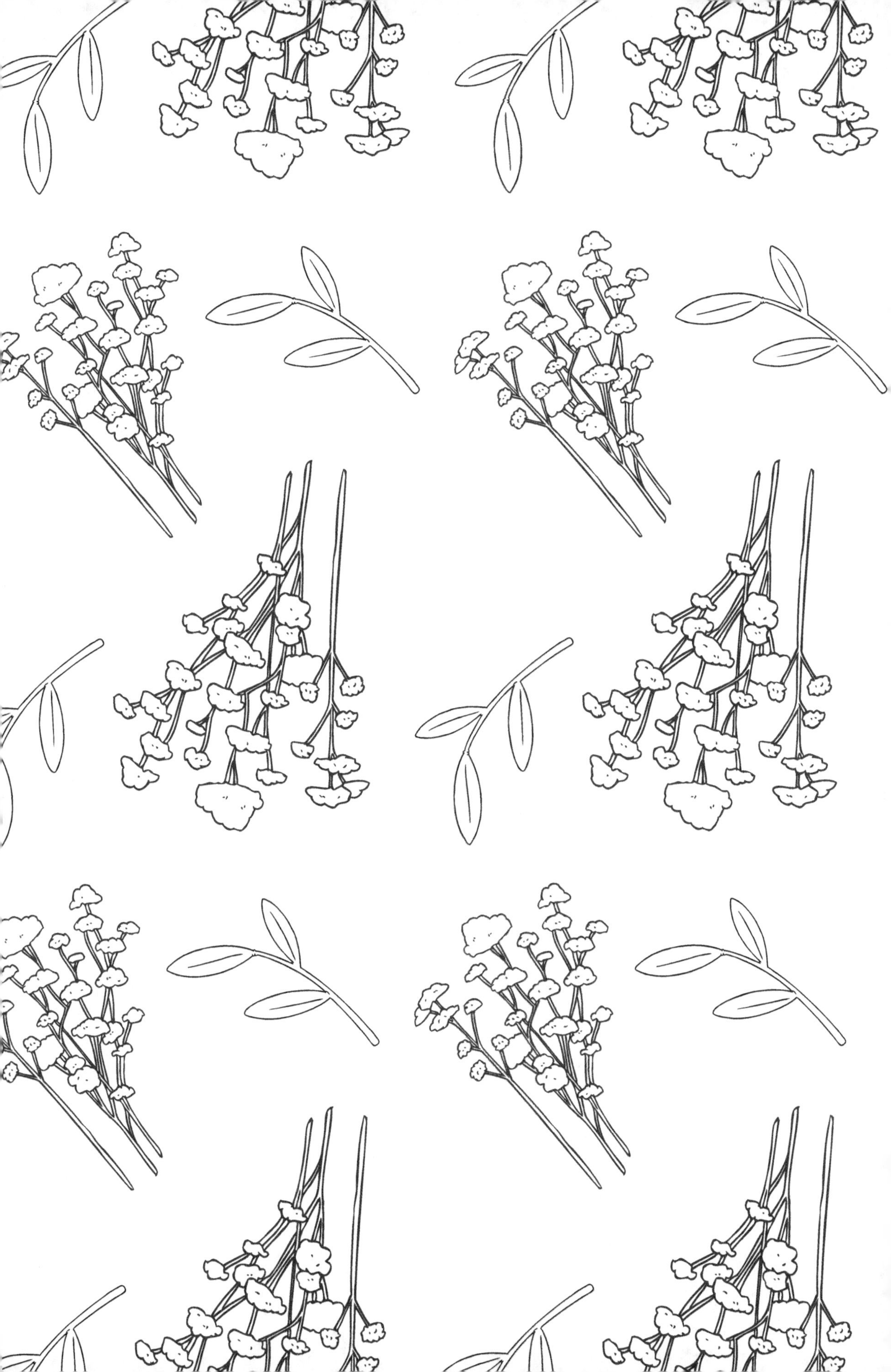

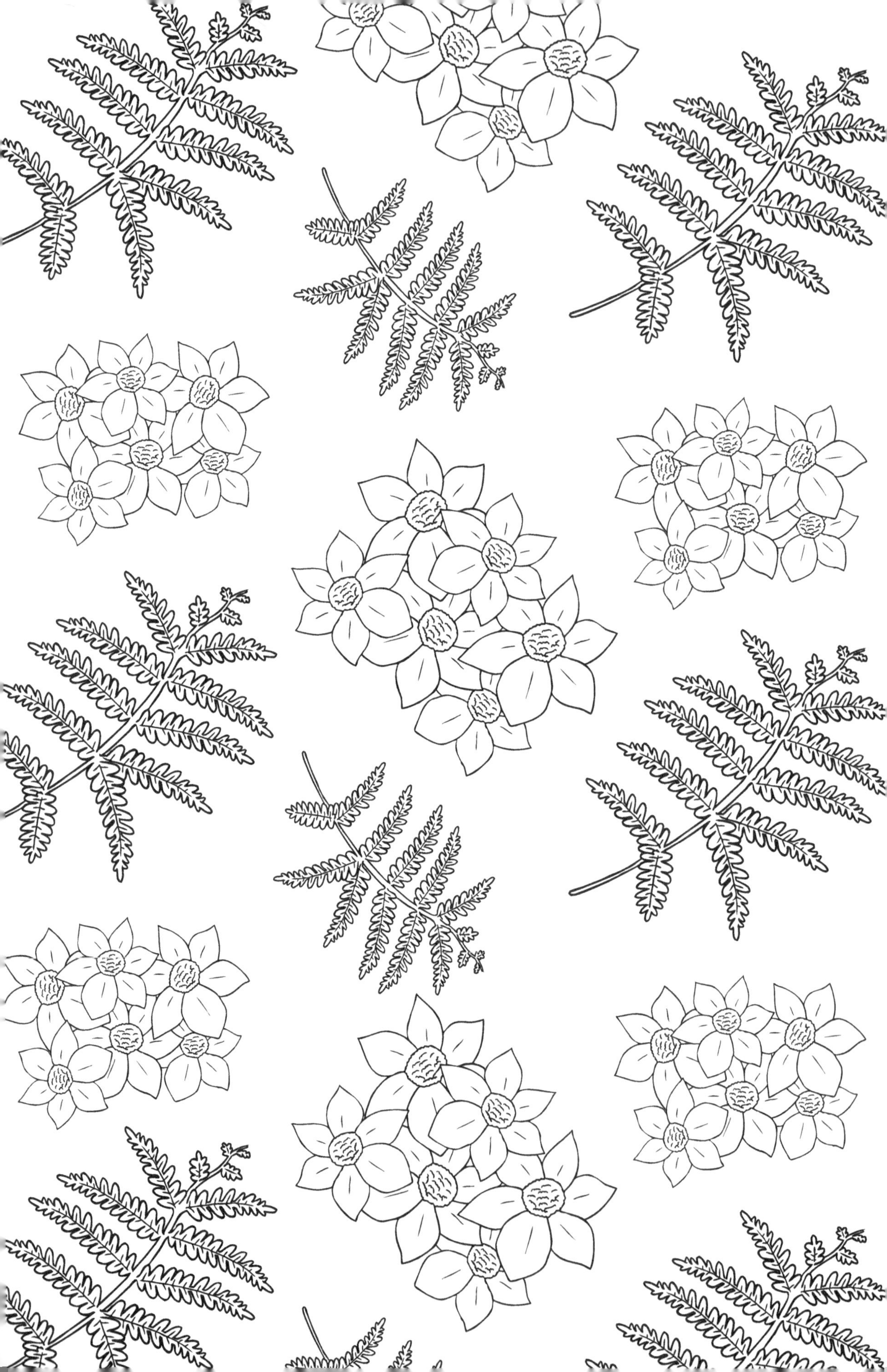

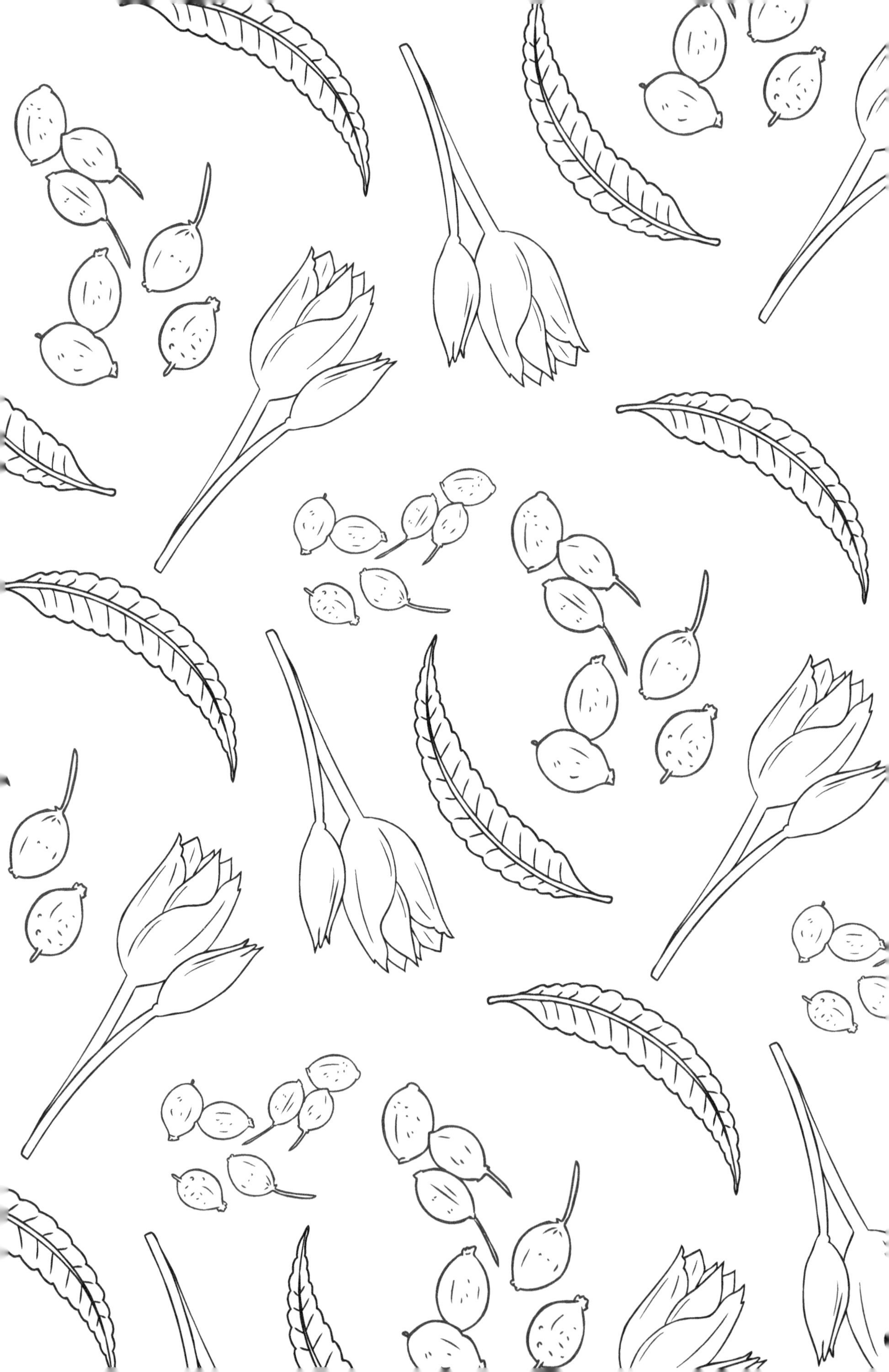

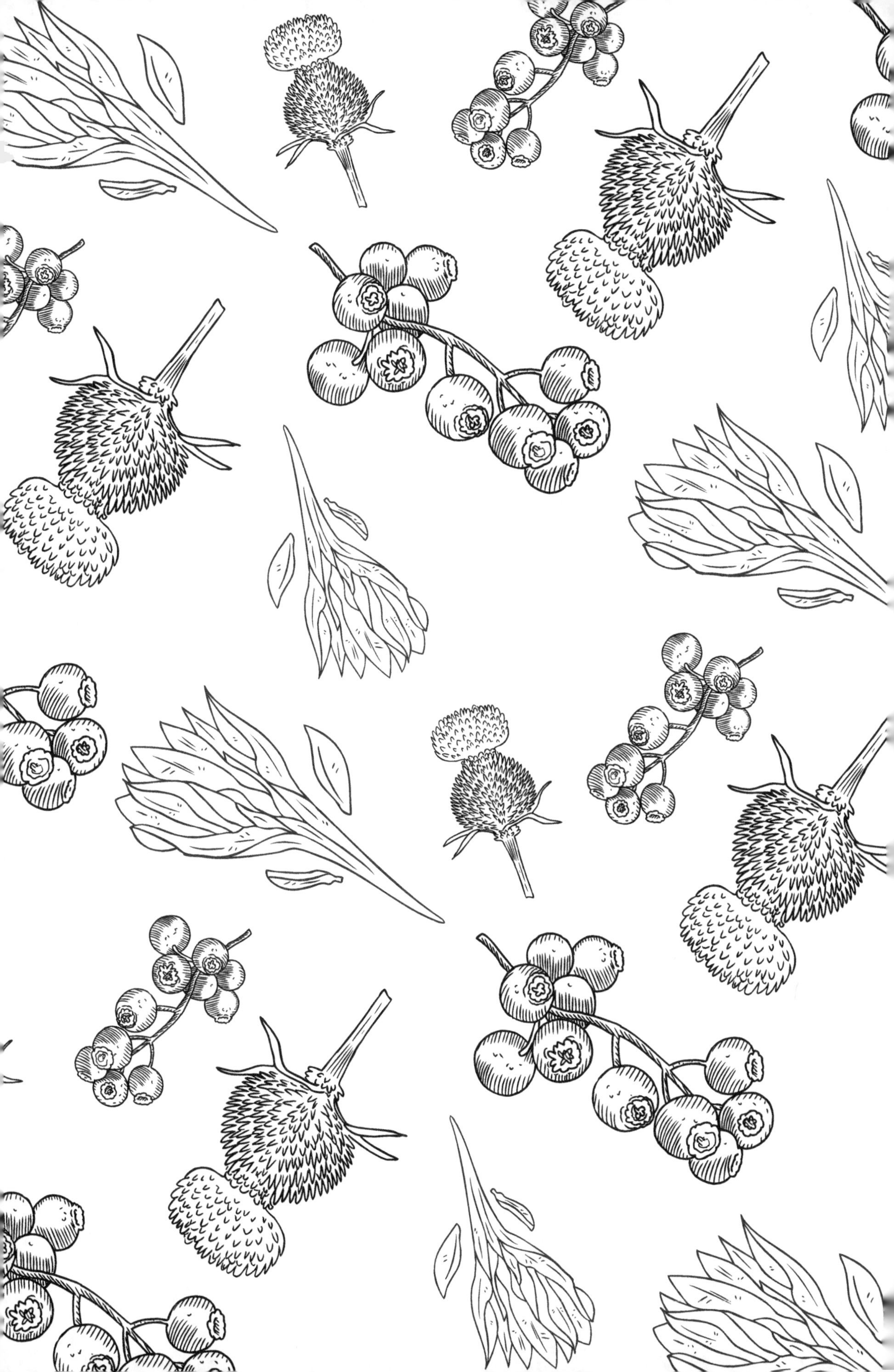

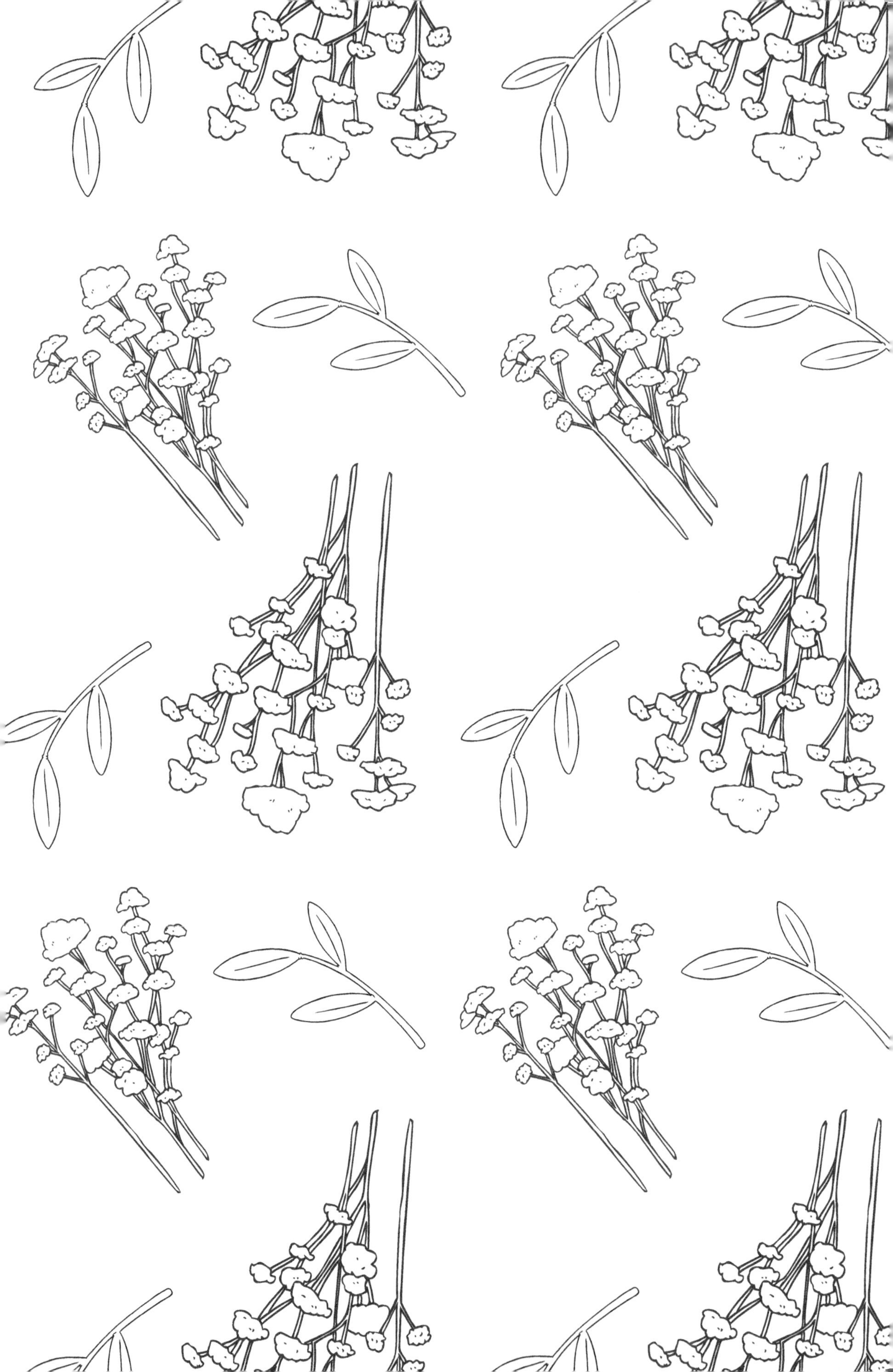

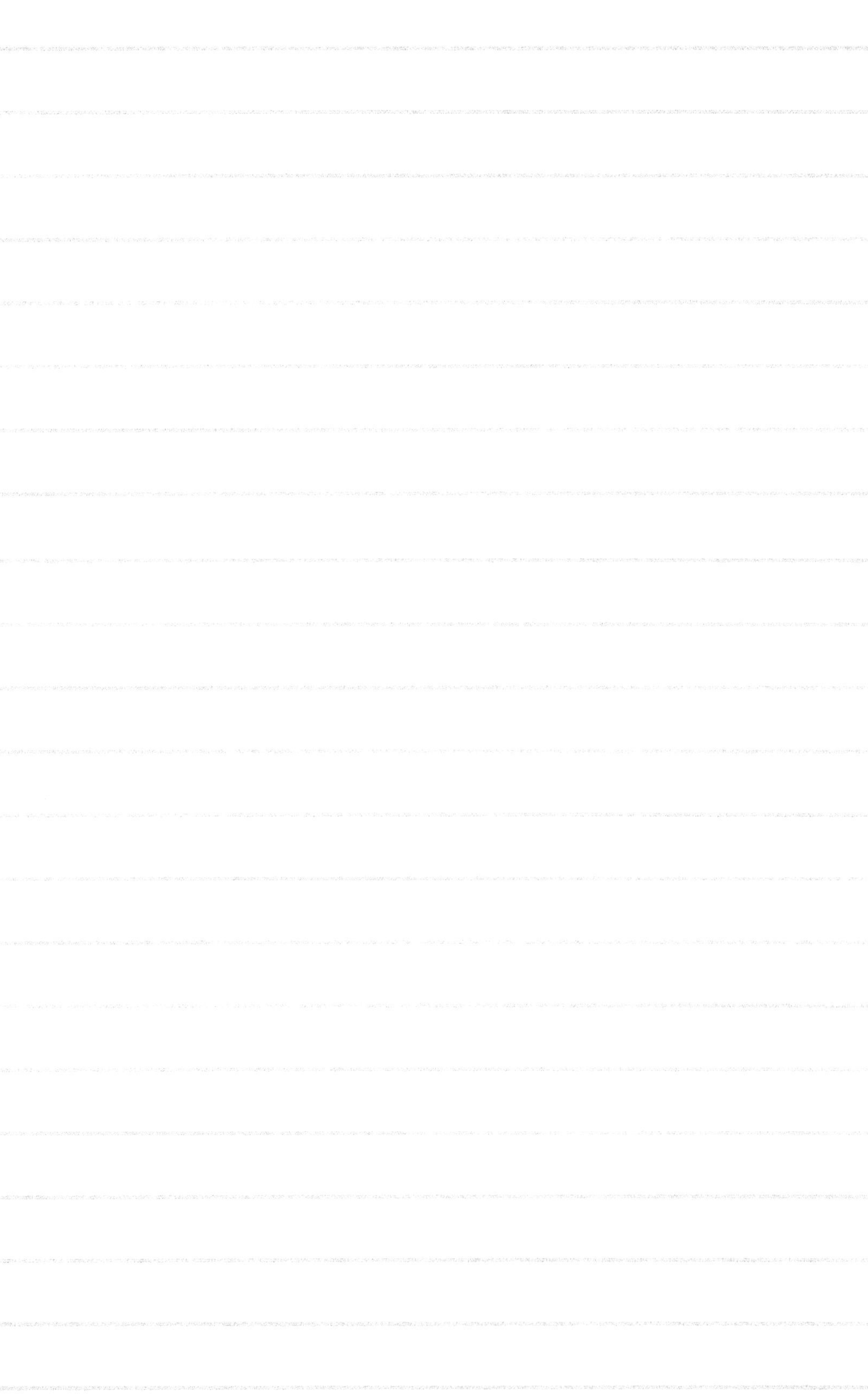

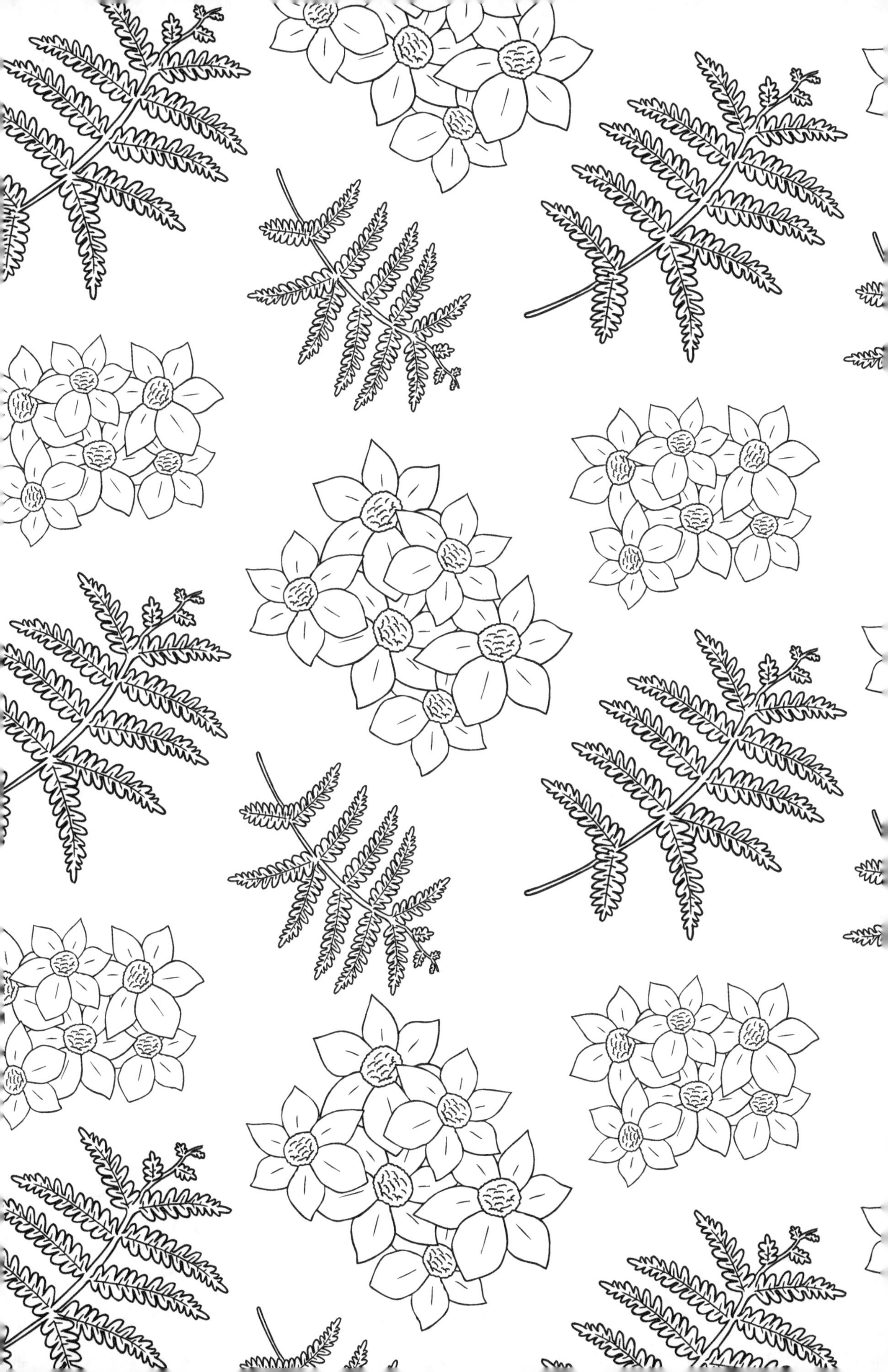

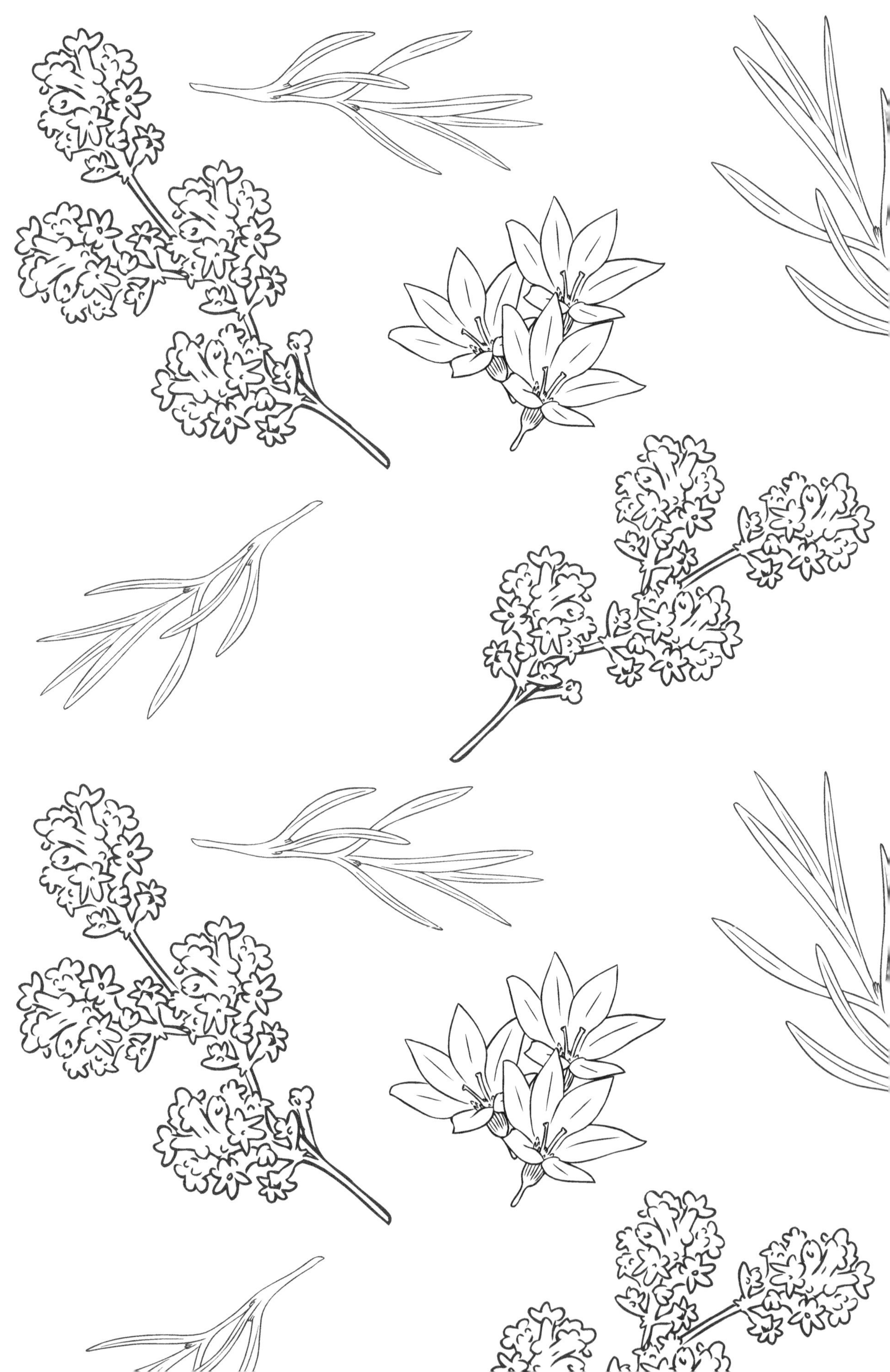

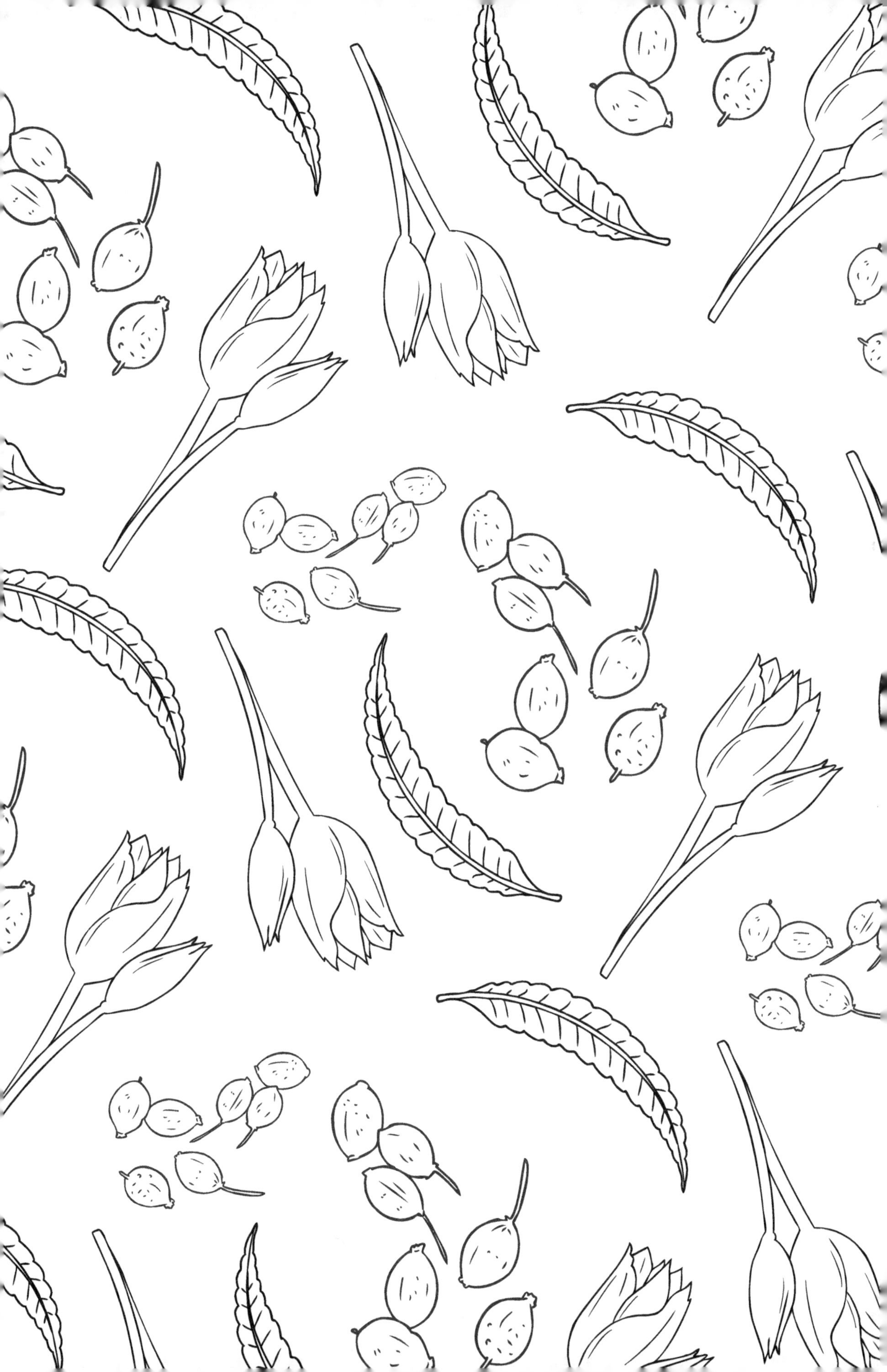

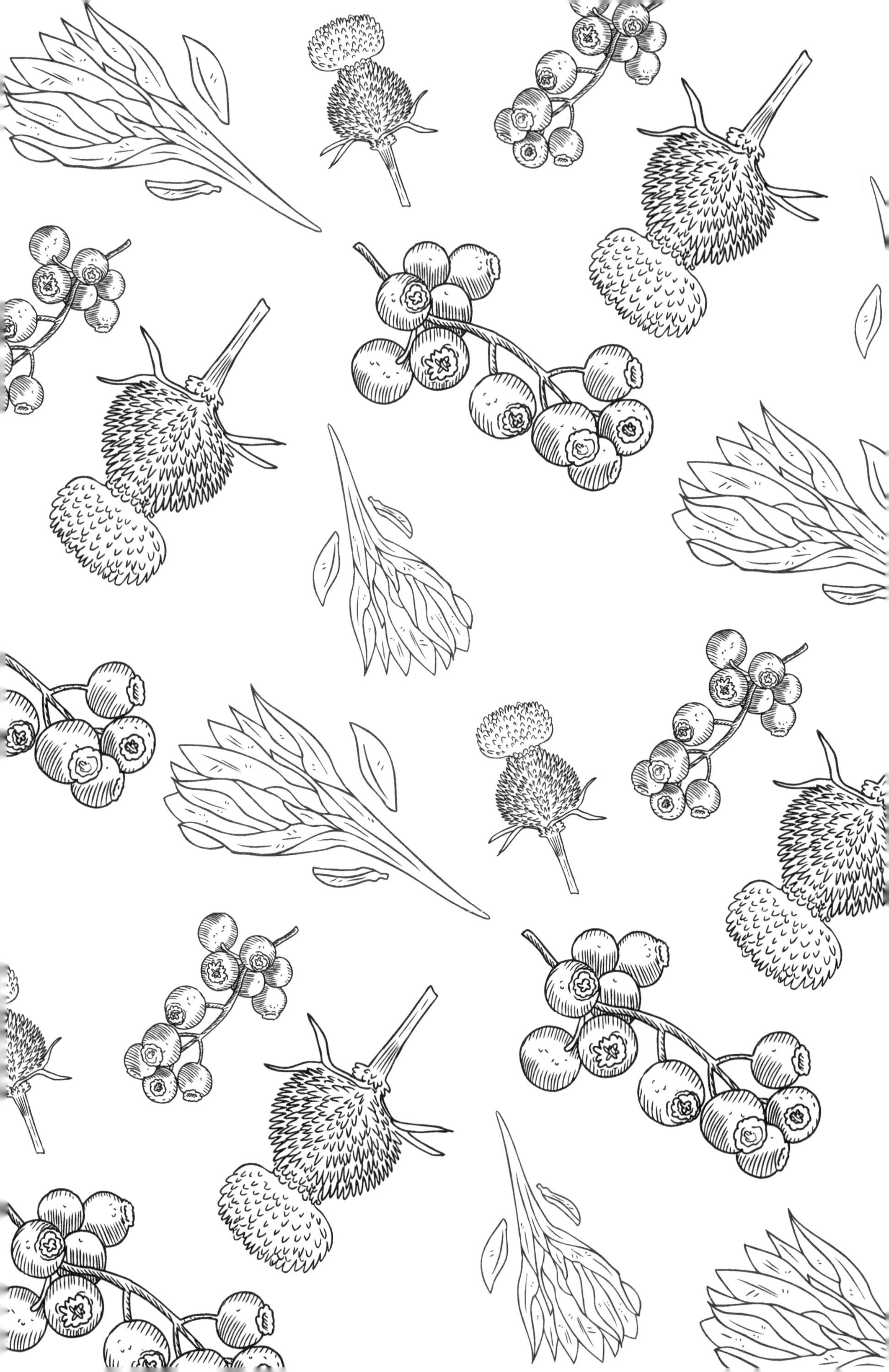